Bibliografische Information der Deutschen Nationalbibliothek:

Die Deutsche Bibliothek verzeichnet diese Publikation in der Deutschen National-
bibliografie; detaillierte bibliografische Daten sind im Internet über http://dnb.d-
nb.de/ abrufbar.

Impressum:

Copyright © 2000 GRIN Verlag, Open Publishing GmbH
Druck und Bindung: Books on Demand GmbH, Norderstedt Germany
ISBN: 9783640860616

Dieses Buch bei GRIN:

http://www.grin.com/de/e-book/9174/down-syndrom-ursachen-symptome-entwick-
lungschancen

Nicole Gerbatsch

Down-Syndrom - Ursachen, Symptome, Entwicklungschancen

GRIN Verlag

GRIN - Your knowledge has value

Der GRIN Verlag publiziert seit 1998 wissenschaftliche Arbeiten von Studenten, Hochschullehrern und anderen Akademikern als eBook und gedrucktes Buch. Die Verlagswebsite www.grin.com ist die ideale Plattform zur Veröffentlichung von Hausarbeiten, Abschlussarbeiten, wissenschaftlichen Aufsätzen, Dissertationen und Fachbüchern.

Besuchen Sie uns im Internet:

http://www.grin.com/

http://www.facebook.com/grincom

http://www.twitter.com/grin_com

Universität zu Köln

Seminar für Geistigbehindertenpädagogik

Seminar: Begleitseminar zur Einführungsveranstaltung

Sommersemester 2000

Down-Syndrom

Autorin:

Nicole Gerbatsch

Inhaltsverzeichnis

0) Einleitung

In dieser Hausarbeit stütze ich mich insgesamt auf drei Bücher, einen Zeitungsartikel, sowie auf mehrere Gespräche mit B. und seinen Eltern. Den Schwerpunkt meiner Arbeit habe ich auf den Bereich der Entwicklungschancen gelegt, da er mir als der wichtigste Punkt erschien. Meine Arbeit soll einen kurzen Überblick über das Down-Syndrom geben und geht daher nur selten näher auf einzelne Aspekte ein.

Die Ausführungen über B. sollen zeigen, dass Menschen mit Down-Syndrom auch ihren Weg machen, etwas erreichen können. Dies sollte im Grunde etwas Selbstverständliches und Normales sein, aber leider ist es in unserer heutigen Gesellschaft immer noch etwas Besonderes und Einzigartiges.

1) Ursachen des Down-Syndroms

1.1) Geschichtlicher Rückblick

Das Phänomen des Down-Syndroms ist erstmals 1866 von John Langdon Hydon Down in seiner Schrift "Observation on an ethnic classification of idiots" (Dittmann 1992, S.9) beschrieben worden. Down nannte diese Menschen "mongolian type of idiocy" (Dittmann 1992, S.9) und lieferte bereits eine sehr detaillierte Beschreibung. Er beschrieb ihren Sinn für Humor und Gebärden, eine geringfügige Sprachfähigkeit und eine gewisse Intelligenz - "das Erlernte (kann) praktisch nutzbar gemacht werden" (Dittmann 1992, S.9).

Über die Ursachen des Down-Syndroms wurde lange Zeit gerätselt und auch gestritten. So waren Anfang des 20. Jahrhunderts eine Reihe von Irrlehren verbreitet. Einige Mediziner waren der Meinung, daß die Behinderung durch "Umwelteinflüsse (...), Alkoholismus, Syphilis, Tuberkulose" (Pueschel. 1995, S38) entstehen würde. Es wurden aber auch Vermutungen, wie zum Beispiel die "Rückentwicklung zu einem primitiven Frühmenschen" (Pueschel. 1995, S.38), aufgestellt.

Menschen mit Down-Syndrom wurden zu Beginn diesen Jahrhunderts meist "auf das unterste Level der von Blumenbach (...) formulierten fünf ethnischen Entwicklungsstufen" (Pueschel. 1995, S.10) gestellt. Crookshank war der erste, der 1924 diese Einteilung durchbrach, indem er Menschen mit Down-Syndrom "als Rückfall (Regression) zu einer "non human species" "like an orangutan" charakterisierte (Pueschel. 1995, S.10). Diese Herabsetzung der Menschen mit Down Syndrom war eine der Grundlagen für die Vernichtungsaktionen im 3. Reich. In den 30er Jahren dieses Jahrhunderts wurde erstmals eine chromosomale Veränderung als Ursache vermutet. 1956 war es Forschern allerdings erst möglich, Chromosomen sichtbar zu machen. Bereits drei Jahre später wies Jérôme Lejeune in Paris ein zusätzliches kleines Chromosom in den Zellen von Kindern mit Down-Syndrom nach. Bei weiteren Untersuchungen entdeckte man, dass das Chromosom 21 in jeder Zelle dreimal vorhanden war. So kam es dann auch zu der heutigen Bezeichnung Trisomie 21.

In den letzten dreißig Jahren kamen wieder neue Theorien auf, die die Ursache des Down-Syndroms begründen sollten. So wurden Ursachen wie "Bestrahlung, Gebrauch bestimmter Drogen, Hormon- und Immunstörungen, spermienabtötende Mittel und bestimmte Virusinfektionen" (Pueschel. 1995, S.46) genannt. Allerdings gibt es bis heute, trotz der theoretischen Möglichkeit dieser Ursachen, keine Beweise für diese Theorien.

Heute geht die Tendenz dahin, Menschen mit Down-Syndrom in die Gesellschaft einzugliedern, sie individuell zu fördern und ihnen die bestmöglichen Entwicklungschancen zu bieten. Doch leider bekommen wir immer wieder die Ignoranz einiger Wissenschaftler zu spüren, wenn wir Bezeichnungen wie "Affenfuß, Schwimmhautbildung, Stiernacken" (Pueschel. 1995. S.10) für bestimmte Körperstigmata lesen.

1.2) Ursache

Die Ursache des Down-Syndroms liegt in einer fehlerhaften Zellteilung, so dass in jeder Zelle 47 anstelle der 46 Chromosomen vorhanden sind. Diese fehlerhafte Zellteilung - auch non-disjunction genannt - kann an drei verschiedenen Stellen auftreten. Zum einen in der Samenzelle (20-30%), in der Eizelle (70-80%), oder in der Urzelle (nur sehr selten). Der Mechanismus dieser non-disjunction ist allerdings bei allen drei Fällen gleich. In der Zellteilung weichen die beiden Chromosomen nicht wie üblich auseinander, sondern bleiben aneinander kleben. Dadurch kommt es dann zu dem überzähligen, 47. Chromosom.

Nur selten kommt es vor, dass einer der beiden Elternteile Überträger dieser Behinderung ist. Diese Übertragung nennt man auch balancierten Überträger oder Translokations-Überträger. Dieser Elternteil ist in keinster Weise chromosomal auffällig, hat auch die gleiche Anzahl von Genen. Bei ihm "kleben" allerdings zwei

Chromosomen aneinander, so dass insgesamt 45 Chromosomen in jeder Zelle sind. Oft ist das zusätzliche Chromosom mit einem anderen Chromosom verbunden, meistens mit den Chromosomen 14, 21 oder 22. Es muss hierbei jedoch nicht das ganze Chromosom "angeklebt" sein, sondern es reicht, wenn nur ein Teil davon angeheftet ist. Bei diesen Eltern besteht ein erhöhtes Risiko, ein Kind mit Down-Syndrom zu bekommen.

Etwa 95% aller Kinder mit Down-Syndrom haben die Form der freien Trisomie 21. Die non-disjunction findet entweder in der Samenzelle, der Eizelle oder der Urzelle statt. Haben Eltern bereits ein Kind mit Down Syndrom, und sind keine Translokations-Überträger, dann liegt das Risiko, ein weiteres Kind mit Down-Syndrom zu bekommen bei etwa 1%.

Die dritte Form der Chromosomenstörung ist das Mosaik. Diese Form tritt allerdings nur bei etwa 1% aller Fälle auf. Hierbei tritt der Fehler bei der aller ersten Zellteilung auf. Bei dieser Form des Down-Syndroms finden sich laut Pueschel meist weniger ausgeprägte Symptome und eine bessere geistige Leistungsfähigkeit.

Forscher haben in den letzten Jahren herausgefunden, daß nicht das ganze Chromosom 21 für die Entstehung des Down-Syndroms verantwortlich ist, sondern nur ein kleiner Teil des langen Armes des Chromosoms. Die genauen Bereiche, die für die Entstehung der Behinderung verantwortlich sind, konnten aber noch nicht lokalisiert werden.

Ein gewisser Zusammenhang lässt sich auch zwischen dem Alter der Mutter bzw. des Vaters und dem Auftreten des Down-Syndroms erkennen. Ab dem 35. Lebensjahr der Mutter steigt das Risiko erheblich an. Bei einer 35 jährigen Frau beträgt die Wahrscheinlichkeit 1:200 bis 300 ein Kind mit Down-Syndrom zu bekommen. Ab dem 35. Lebensjahr verdoppelt sich das Risiko jedoch alle 2 ½ Jahre. Bei dem Vater erhöht sich das Risiko ab dem 45 bis 50 Jahr allerdings nur leicht.

1.3) Pränatale Diagnostik

In den letzten Jahrzehnten hat sich die genetische Beratung beständig weiterentwickelt. Dennoch ist in jedem Fall speziell zu überprüfen, ob eine pränatale Untersuchung sinnvoll oder eher schädlich für das ungeborene Kind ist. Es sollten nach Möglichkeit nur die Risikogruppen untersucht werden, da immer ein Risiko der Fehlgeburt bleibt.

Für die pränatale Diagnostik gibt es zahlreiche Untersuchungsmöglichkeiten, von denen ich aber nur drei nennen möchte, die ich für wichtig halte. Die Amniozentese (Fruchtwasseruntersuchung) wird seit den 70er Jahren allgemein eingesetzt. In der 14. bis 16. Schwangerschaftswoche wird unter der Ultraschallkontrolle eine Nadel in die Fruchtbase eingeführt und etwa 15 bis 20 ml Flüssigkeit entnommen. Diese Flüssigkeit wird zentrifugiert, die gewonnen Zellen werden vermehrt und zur Chromosomenanalyse verarbeitet. Der Nachteil dieser Methode ist ihre relativ späte Einsetzbarkeit.

Einige Mediziner glauben, durch Ultraschalluntersuchungen das Vorhandensein des Down-Syndroms nachweisen zu können. Hierbei sollen dicke Haut am Hals oder die Länge der Beinknochen Hinweise auf Down-Syndrom geben. Der Erfolg dieser Methode ist jedoch fragwürdig.

Eine weitere - ebenfalls umstrittene - Meinung ist, durch einen niedrigen Alphafetoproteinwert (AFP) Chromosomenveränderungen, u.a. auch das Down-Syndrom, nachweisen zu können. Einen allgemeingültigen Richtwert gibt es dafür allerdings noch nicht.

Ein sehr wichtiger Aspekt bei der pränatalen Diagnostik ist die Beratung durch den behandelnden Arzt. Dieser sollte den Eltern, bei deren Kind Down-Syndrom diagnostiziert wurde, objektiv über alles aufklären, und dabei nicht nur die "Schattenseiten", sondern auch die Möglichkeiten dieser Kinder aufführen. Der Arzt sollte in seinen Ausführungen jegliche Wertung vermeiden und die Eltern auf keinen Fall zu einer Entscheidung - z. B. einen Schwangerschaftsabbruch, Adoption etc. - drängen. Eine solche Entscheidung sollte allein den Eltern vorbehalten sein.

2) Erscheinungsbild

2.1) Körperliche Merkmale

Aussehen und geistige Fähigkeiten werden von den Genen bestimmt. Dadurch haben Menschen mit Down-Syndrom auf der ganzen Welt eine verblüffende Ähnlichkeit. Man könnte fast behaupten, daß hier ethischen Schranken bzw. Unterschiede aufgehoben seien. Die Individualität jedes Menschen steht aber immer sichtbar an erster Stelle.

Der Kopf von Menschen mit Down-Syndrom ist in der Regel etwas kleiner, und das Hinterhaupt ist leicht abgeflacht (Brachyzephalie), wodurch die eher runde Form entsteht. Die Knochenlücken im Schädel sind meist etwas größer als normal und schließen sich oft auch erst später. Das Gesicht weist beim Kleinkind weniger ausgeprägte Gesichtsknochen auf. Die Nase ist flach, der Nasenrücken ist oft etwas eingedrückt und die Nasenlöcher sind recht schmal. Die Lidspalten sind schmal und leicht nach oben außen geneigt (führte zu der ursprünglichen Bezeichnung: Mongolismus). Bei vielen Menschen mit Down-Syndrom ist eine Hautfalte am inneren Augenwinkel zu erkennen (Epikanthus). Der Hals sieht meist breit und stämmig aus. Die Hände und Füße sind klein und kurz. Im Bereich der Handinnenfläche ist bei etwa 50% aller Menschen mit Down-Syndrom eine Vierfingerfurche zu erkennen. Die Haut ist normal hell, meist aber sehr trocken, rauh und rissig.

Menschen mit Down-Syndrom haben oft eine Bänderschwäche, aus der noch einige andere Probleme resultieren, z.B. Plattfüße, Veränderungen im Bereich der Halswirbel oder Probleme mit Knochen und Gelenken.

Ein weiterer wichtiger Aspekt, den es zu erwähnen gilt, sind angeborene Anomalien. Etwa 40 % aller Kinder mit Down-Syndrom haben einen Herzfehler, der nach der Geburt unverzüglich behandelt werden sollte, da es ansonsten noch zu weiteren Beeinträchtigungen kommen kann. Bei etwa 12% wurden Veränderungen an Magen oder Darm - z.B. Verschluß der Speiseröhre oder nicht ausgebildete Afteröffnung - festgestellt.

Im Kindesalter sind Kinder mit Down-Syndrom extrem anfällig für Infektionen. Eine Erklärung hierfür konnte bisher noch nicht gefunden werden, denn es konnten keine erkennbaren Veränderungen am Abwehrapparat festgestellt werden.

Oft haben Kinder mit Down-Syndrom zusätzlich eine Seh- oder Hörbeeinträchtigung. 50% der Kinder sind kurzsichtig, 20% sind weitsichtig. Bei 60 bis 80% wurde eine leichte bis mittelgradige Schwerhörigkeit diagnostiziert.

Viele Kinder mit Down-Syndrom neigen wegen mangelnder Bewegung zu Übergewicht. Dieses sollte man möglichst durch eine Diät und genügen Bewegung vermeiden.

Kinder mit Down-Syndrom sollten regelmäßig nach bestimmten Kriterien (Ohren, Augen Zähne ...) untersucht werden, so daß mögliche zusätzliche Beeintrachtigungen rechtzeitig erkannt und so effektiv wie möglich behandelt werden können.

2.2) Sprachentwicklung

Die Bandbreite der individuellen Fähigkeit, Sprache zu erlernen und korrekt anzuwenden, ist sehr groß. Dennoch müssen die unterschiedlichen Formen der Beeinträchtigung der Sprache als ein zentrales Problem angesehen werden. Faktoren, die die Sprachentwicklung maßgebend beeinflussen, sind z.b. das soziale Umfeld, aber auch die individuelle Schädigung. Eine sprachliche Förderung ist in jedem Fall nötig und sollte nach Möglichkeit in die "familienbezogene Fördersituation integriert" (Dittmann. 1992. S.80) werden.

Die Sprachentwicklung beginnt in der Regel verzögert, und nicht allen Kindern mit Down-Syndrom ist es möglich, alle Stufen der Sprachkompetenz zu durchschreiten. Die Ursache dafür ist in den zentralen kognitiven Verarbeitungsprozessen zu sehen.

Kinder mit Down-Syndrom sprechen ihre ersten Worte zwischen 9 und 31 Monaten und ihre ersten Sätze zwischen 18 und 96 Monaten. Hier wird die große Brandbreite der unterschiedlichen Möglichkeiten und Fähigkeiten sehr gut sichtbar. Die meisten Kinder mit Down-Syndrom erreichen schließlich "eine einfache bis gute basale sprachliche Kommunikationsfähigkeit" (Dittmann. 1992. S. 83).

Typische Fehler in der Sprechfähigkeit betreffen agrammatische Formen, Ein- und Mehrzahlbildung, Wortstellung, Beugeform, Bindewörter oder die Analogiebildung. Die Diskrepanz zwischen dem aktiven und dem passiven Wortschatz ist bei Kindern mit Down-Syndrom besonders stark ausgeprägt. Sprachliche Äußerungen weisen zum Teil auch eine gewisse kindlich-naive Form auf.

2.3) Intelligenz

Die Behinderung führt allgemein eine Minderung der geistigen Fähigkeiten mit sich. Die Intelligenz entwickelt sich beim Menschen mit Down-Syndrom nach Dmitriev jedoch entlang den "bekannten normativen Gesetzmäßigkeiten des kognitiv nicht behinderten Menschen, jedoch in einem verlangsamten (dezelerierten) Tempo" (Dmitriev 1988, zitiert nach Dittmann 1992, S. 65). Allgemein lässt sich beobachten, dass Menschen mit Down-Syndrom länger in den verschiedenen kognitiven Entwicklungsabschnitten verweilen. So nennt Rauh "als Faustregel, daß sich Kleinkinder mit Down-Syndrom mit etwa halben Entwicklungstempo entwickeln" (Dittmann. 1992. S.66).

Mit zunehmendem Alter wird die Zuwachsrate der Intelligenzentwicklung immer kleiner und endet laut Berry in der dritten bis vierten Lebensdekade. Dies ist nur ein allgemeiner Richtwert. In bekannten Einzelfällen ragte diese Entwicklung sogar bis in die fünfte Lebensdekade hinein. "Nach Wendelers Meinung (endet) das erreichte Abschlussniveau relativ niedrig" (Dittmann. 1992, S.66). Wie gesagt, in diesem Punkt gibt es keine allgemeingültige richtige Aussage, sondern nur Richtwerte. Die individuellen Leistungsfähigkeiten sind extrem verschieden, und "erstrecken sich somit auf alle Minderbegabungsniveaus, von der schwersten Form bis zu den Grenzfällen der Normalbegabung" (Dittmann. 1992. S.68). Allgemein werden Menschen mit Down-Syndrom meist "zu den definitorisch festgelegten fünf Minderbegabungsgruppen" (Dittmann. 1992. S. 68) gezählt.

In fortschreitendem Alter wurden bei Menschen mit Down-Syndrom verstärkt hirnorganische Abbauprozesse beobachtet. Auch scheinen diese Menschen verstärkt für die Alzheimer Krankheit anfällig zu sein. "Bei fast allen autopsierten Gehirnen von Menschen mit Down-Syndrom [wurden] neuropathologsiche Anzeichen der Alzheimerschen Erkrankung nach dem 35. Lebensjahr gefunden" (Blackwood et. al. 1988 u. a. zitiert nach Dittmann. 1992. S.66). Ein direkter Nachweis für einen Zusammenhang zwischen Alzheimer und den beobachteten Abbauprozessen ist bisher allerdings noch nicht gefunden worden. Dafür kann es auch ganz andere Ursachen geben, z.B. eine abnehmende Sehfähigkeit, ein Hörverlust oder eine Schilddrüsenfunktion.

3) Entwicklungschancen

3.1) Behandlungsansätze
3.1.1) Medizin

Der Versuch, Menschen mit Down-Syndrom auf irgendeine Weise zu behandeln und somit ihre körperlichen Merkmale und ihre geistige Funktionen zu beeinflussen, ist kein neues Phänomen, sondern existiert schon seit beinahe hundert Jahren. Die erste Therapie, von der wir wissen, wurde Ende letzten Jahrhunderts mit Thyroxin (Schilddrüsenhormon) durchgeführt. Andere Behandlungsansätze waren mit Hypophysen-Extrakt, Glutaminsäure, Dimethylsulfoxid oder durch die Frischzellentherapie. Durch all diese Ansätze wurden, laut Berichten, positive Ergebnisse erzielt. Eine genaue Untersuchung erwies im Nachhinein jedoch alle Ansätze als unbrauchbar oder sogar schädlich. Eine weitere erwähnenswerte Methode ist die von Henry Turkel erfundene U-Serie, die mit Hilfe von Medikamenten (Mineralien, Vitamine, Enzyme oder Hormone) eine

Besserung erhoffte bzw. versprach. Aber auch diese Methode erwies sich im Nachhinein als nutzlos.

Bis heute gibt es keine wirksame Methode, Menschen mit Down-Syndrom medikamentös wirksam zu behandeln. Eine viel diskutierte und umstrittene Maßnahme ist die Plastische Chirurgie. Dabei werden meist die Falten zwischen Auge und Nase entfernt, die Lidspalten geradegestellt oder ein Teil der Zunge entfernt. Einige Mediziner behaupten, dass dadurch die Sprache und Kommunikationsfähigkeit sich verbessern würde und die Menschen mit Down-Syndrom nach der Operation leichter in die Gesellschaft eingegliedert werden könnten. Aber auch hierfür gibt es keine allgemeingültigen Untersuchungen.

3.1.2) Frühförderung

Jedes Kind sollte so früh wie möglich und so gut wie möglich gefördert werden. Kinder mit Down-Syndrom hingegen benötigen eine spezielle Förderung. Je früher diese beginnt, desto besser ist es für die Entwicklung des Kindes. Denn mit einer effektiven Frühförderung kann mögliche Entwicklungsverzögerungen oder -defiziten entgegengewirkt und diese somit vermieden werden. Eine Frühförderung sollte direkt nach der Geburt beginnen, und nicht erst mit dem Kindergarten- oder Schuleintritt, und z. B. auch Aspekte wie eine Krankengymnastik beinhalten.

3.2) Schulische Ausbildung

Kinder mit Down-Syndrom benötigen in besonderer Weise einen gegliederten und geplanten Lern- und Unterrichtszugang, da sie oft nicht in der Lage sind, sich eine "eigene Lernumwelt" (Dittmann 1992. S. 93) zu schaffen. Das Kind mit Down-Syndrom hat nur "eine begrenzte Fähigkeit, spontan aus dem Umfeld, in dem es lebt, zu lernen" (Dittmann 1992. S.93) und ist somit nach Morss (1985) eher für strukturierte Situationen und Aufgaben ansprechbar.

Kinder mit Down-Syndrom verhalten sich oft nicht situationsgemäß, da es ihnen oft nicht möglich ist, routinemäßige Situationen zu durchschauen. So wird das Lernen im Unterricht auch nur auf bestimmte Teilaspekte oder spezifische Situationen begrenzt.

Der Unterricht lässt sich nach Dittmann in "drei Ablaufphasen des Lernvorganges gliedern: die Informationsaufnahme, die Verarbeitung der Information und die

Wiedergabe des Gelernten" (Dittmann, S. 95).

Die Informationsaufnahme bei Kindern mit Down-Syndrom ist oft eingeengt und/oder auf bestimmte Situationen beschränkt. Dies liegt unter anderem an der mangelnden Aufmerksamkeit. "Schüler/innen mit Down-Syndrom [haben] statt einer durchschnittlichen Aufnahmespanne von ca. 5-9 bits (Informationseinheiten) (...) nur eine Aufnahmekapazität von 3-5 bits. (...) Dieses Kurzspeicherdefizit ist jedoch in sehr starkem Maße abhängig von dem präsentierten Material" (Dittmann. 1992. S.106). Dies führt unter anderem dazu, dass Kinder mit Down-Syndrom sehr leicht ablenkbar sind. Unterrichtseinheiten sollten also zeitlich begrenzt und vor allem klar gegliedert sein.

In der Verarbeitung von Informationen ergeben sich einige Probleme, die unter anderem mit den eingeschränkten Kurz- und Langzeitspeicherungsprozessen einhergehen. So kommt es zum Beispiel dazu, dass Kausalitätsbegriffe fehlen, begriffliches Denken und das Ziehen von abstrakten Schlussfolgerungen nicht möglich sind, und abstrakte Begriffe nicht verstanden werden. Es sollte vor allem darauf geachtet werden, dass Kinder mit Down-Syndrom im Rahmen des Unterrichtes nicht überfordert - aber auch nicht unterfordert werden.

Die Wiedergabe von Gelerntem erweist sich zum Teil als sehr schwierig, da bei Menschen mit Down-Syndrom die sogenannte "Rehearsal-Strategien" (Dittmann. 1992. S. 107) - die für die Verarbeitung verantwortlich sind - nur unzureichend ausgebildet sind. Allgemein lässt sich aber feststellen, dass bei verbal angebotenen Materialien signifikante Verzögerungen auftreten. Visuell angebotene Reize hingegen können wesentlich besser behalten werden.

Ich gehe jetzt auf eine Therapie aus Belgien ein, die helfen soll, die in der Schule entstandenen Defizite auszugleichen. Die Tomatis Therapie wurde in den fünfziger Jahren von Professor A. Tomatis in Paris entwickelt und stützt sich auf die Entwicklung eines elektrischen Ohres. Es soll eine "Veränderung im Bereich der gesprochenen Sprache und des Kommunikationsverhaltens" sowie "eine Öffnung gegenüber geschriebener Sprache" einleiten (Leben mit Down-Syndrom 1998, S. 40). Da Kinder mit Down-Syndrom "in der Regel eine verzögerte Sprachentwicklung, häufig Wahrnehmungsstörungen, Schwierigkeiten beim Sprechen- Schreibenlernen, psychomotorische Probleme usw." (Leben mit Down-Syndrom, 1998, S. 41) haben, soll diese Therapie auch für sie anwendbar sein. Die Therapie teilt sich in eine passive und aktive Horchphase und gegebenenfalls eine Ergänzungsphase. Die passive Horchphase läuft zum Beispiel während des Spielens oder Schlafens ab, während das Kind in der aktiven

Horchphase mitarbeiten muss. So spricht es Wörter und ganze Sätze nach, während ein "Mikrophon an das elektrische Ohr gekoppelt ist, so dass das Kind sich selbst auch verbessert" (Leben mit Down-Syndrom, 1998, S. 40). Die erste Phase der Therapie dauert in der Regel 12 bis 14 Tage. Danach wird entschieden, ob weitere Behandlungen nötig sind, die dann individuell auf das entsprechende Kind zugeschnitten sind.

Diese Therapie stellt eine Alternative zu dem dar, was bisher angewandt wurde, trotzdem muss genau geprüft werden, ob sie für das betroffene Kind auch wirklich sinnvoll ist. Die Erfolgsberichte dieser Therapie sind gemischt. Es wird von sehr guten Erfahrungen, aber auch von fehlender Verbesserung berichtet. Ein weiterer Punkt, der dabei zu beachten ist, ist, dass diese Therapie sehr teuer ist und die Kosten in den meisten Fällen von den Krankenkassen nicht übernommen werden. Eine individuelle Prüfung auf die Nutzbarkeit sollte auf jeden Fall immer im Voraus geschehen.

3.3) Integration in die Gesellschaft

Allumfassendes Ziel sollte auf jeden Fall die vollständige Integration behinderter Menschen in die Gesellschaft sein. So ein Ziel zu verfolgen und dann auch wirklich zu verwirklichen, ist nicht einfach und auch nicht unumstritten. Aber kleine Schritte in diese Richtung wurden schon getan, und diese sollte man auch nicht als selbstverständlich und normal hinnehmen. Allgemein lässt sich aber sagen, dass eine eindeutige Tendenz zur Integration erkennbar ist. Die Integrationstendenzen im Bereich der Schule sind allerdings von Bundesland zu Bundesland verschieden. So wird in Bayern, Rheinland-Pfalz oder Baden-Württemberg das Ziel der zielgleichen Integration, in Nordrhein-Westfalen, Hamburg, Hessen oder Niedersachsen hingegen eher das Ziel der zieldifferenten Integration verfolgt. Bremen geht einen ganz anderen Weg. Der Stadtstaat orientiert sich eher an integrativen oder kooperativen Verfahren. Schleswig-Holstein sieht eine Integration in alle Schulformen vor. Hier sind die Regelschulen gesetzlich verpflichtet, ihre Schule auch für behinderte Menschen zugänglich zu machen.

Bei der zielgleichen Integration lernen nichtbehinderte sowie behinderte Kinder nach den gleichen Richtlinien. Sie müssen denselben Lern- und Leistungsanforderungen entsprechen. In der Regel sollte schafft das behinderte Kind dies ohne zusätzliche sonderpädagogische Förderung. Schafft es dies aber nicht, kann dem zusätzlichen Förderbedarf "auch in der Regelschule durch stundenweisen Einsatz von Sonderschulkräften der jeweils erforderlichen Fachrichtung ("mobile Dienste") entsprochen werden" (Dittmann 1992, S. 117).

Die zieldifferente Integration hingegen sieht eine Trennung bzw. Unterscheidung der Lern- und Leistungsanforderung vor. Hier werden nichtbehinderte ebenfalls mit behinderten Schülern unterrichtet, aber nach unterschiedlichen Richtlinien. Die behinderten Schüler werden auch auf der Regelschule nach den Richtlinien der Sonderschule unterrichtet. Nach Wilken ist "gemeinsames Lernen mit nichtbehinderten Kindern (...) für Kinder mit Down Syndrom nur im zieldifferenten Unterricht möglich, dann jedoch kann durch Integration der bei diesen Kindern gegebenen heterogenen Leistungsfähigkeit besonders günstig entsprochen werden." (Dittmann 1992, S. 118)

Aber nicht nur die Integration in die Regelschule sollte verfolgt werden, sondern auch die Integration behinderter Menschen in andere gesellschaftliche Bereiche. Das Leben von Menschen mit Down-Syndrom beschränkt sich nicht nur auf das Familienleben und die Schule, sondern hat auch Bedeutung im Freizeitbereich oder später im Beruf. Jeder Mensch hat ein Recht auf eine persönliche Entfaltung seiner Fähigkeiten. Behinderten Menschen wird dieses Recht teilweise immer noch verwehrt, indem ihnen der Zugang zu Freizeiteinrichtungen wie Sportvereinen, Musikschulen, Discos oder ähnlichem verweigert wird. So ist es leider auch immer noch nicht selbstverständlich, Menschen mit Down-Syndrom in die normale Arbeitswelt einzugliedern. So gut wie alle arbeiten in den sogenannten Werkstätten oder sind nach dem Besuch der Schule ganz allein auf sich gestellt. Diese Situation in Deutschland gilt es zu ändern, damit auch Menschen mit Down-Syndrom ihre Fähigkeiten nutzen und verwirklichen können.

3.4) Das Beispiel des B.

B. ist ein aufgeweckter junger Mann, mit einem außerordentlichen sportlichen Interesse und Engagement. Er ist sehr ordnungsliebend, hilfsbereit und bezeichnet sich selber als Charmeur des Hauses (was sich auch nicht bestreiten lässt).

B. ist den Weg der Integration gegangen, und man kann ohne zu übertreiben sagen, dass er es geschafft hat. Er geht - so weit wie möglich - seinen eigenen Weg und weiß genau, was er möchte. Selbst abstrakte Situationen kann er problemlos bewältigen.

Bereits sehr früh nahm B. an Frühfördermaßnahmen der Lebenshilfe B. teil und hatte nebenbei noch regelmäßig Krankengymnastik nach Vojta - einer sehr schmerzhaften, aber effektiven Therapie. Nach einem etwas schwierigen Einstieg - krankheitsbedingt - in den integrativen Montessori-Kindergarten in B. entwickelte B. sich rasch zu einem freien, kontaktfreudigen und zunehmend selbständigen Jungen.

Bereits zu der Zeit kam B.s sportliches Interesse zu Tage. Nach dem Mutter-Kind-Turnen ging B. zum Kinderturnen und später zur Leichtathletik, in der er auch einige Erfolge erzielte, die ihn noch mehr anspornten.

Bereits mit sechs Jahren lernte B. - unterstützt von seiner älteren Schwester - Ski fahren, das er mit Begeisterung fortführte, so dass es ihm möglich war, bei den Welt-Winterspielen von Special Olympics in Schladming / Österreich teilzunehmen und in der Abfahrt sowie im Slalom die Silbermedaille zu gewinnen.

Nach dem Besuch der X-schule in F. wechselte B. zur Gesamtschule nach B. . Nach deren Abschluss machte B. ein Praktikum in einer Holzwerkstatt und später in einer Küche. Da seine feinmotorischen Fähigkeiten jedoch nicht ausreichend ausgebildet waren, um als Küchenjunge übernommen zu werden, entschied sich B. ein weiteres Jahr zur Schule zu gehen. In der Y-schule in B. lernt B. nun mehr praktische Fähigkeiten als Theorie.

B. ist jetzt 19 Jahre alt und folgt dem von ihm eingeschlagenen Weg. Im August wird er dann die zwölfte Klasse abschließen, und wird - sollte das Arbeitsamt sich nicht querstellen - als Küchenhilfe zu arbeiten beginnen.

Literaturverzeichnis:

- Bernhofen, Margrit. Tomatis Terapie in Belgien; Leben mit Down-Syndrom, Nr. 29/September
  1998; S. 40 - 42.

- Bundesvereinigung Lebenshilfe für Menschen mit geistiger Behinderung (Hrsg.): Unser Kind
  mit Down--Syndrom. Ein erstes Lesebuch mit Informationen für Eltern, für ihre Angehörigen
  und Freunde. Marburg, Lebenshilfe Verlag 1998.

- Dittman, Werner. Kinder und Jugendliche mit Down-Syndrom. Aspekte ihres Lebens. Bad
  Heilbrunn, Klinkhardt 1992.

- Pueschel, Siegfreid (Hrsg.). Down-Syndrom. Für eine bessere Zukunft. Stuttgart, TRIAS 1995.
  S. 38 - 77.